Made in the USA
Middletown, DE
04 December 2021

54247988R00057